CHORUME

Vinicius Calderoni

CHORUME

Coleção Dramaturgia

Cobogó

SUMÁRIO

Jogando conversa fora, por Vinicius Calderoni 7

Precedências, por Rafael Gomes 11

CHORUME 17

Jogando conversa fora

A primeira faísca (ou seria gota?) de *Chorume* surgiu assim: Rafael Gomes, certa vez, *jogando conversa fora*, lançou uma provocação de um espetáculo que se propusesse a encenar coisas tão exóticas quanto um manifesto político, manuais de instalação de eletrodomésticos, bulas de remédio, placas de trânsito, entre outras manifestações que nomeei internamente como "fontes de literatura impróprias para o palco" (e que, descobri recentemente, encontram eco nas palavras de Sarrazac, que menciona um certo "material de contrabando" como fundador de possibilidades dramatúrgicas).

Aquilo despertou meu interesse e ficou claro, naquele instante, que essa premissa se relacionava em muitos aspectos com questões presentes na dramaturgia de *Não nem nada* e com temáticas que estavam começando a despontar em *Ārrã*, que eu estava começando a escrever naquela ocasião – ou, pelo menos, é desse modo que me recordo dentro da imprecisa linha do tempo interior que se estabeleceu, talvez por conveniência narrativa.

A sensação de que em todos esses textos havia uma tentativa de criar uma dramaturgia em diálogo com o espírito do tempo, capaz de tornar teatrais assuntos e manifestações que não parecessem da imediata jurisdição do teatro, fez nascer um sentimento de que havia uma trilogia em curso e a ela dei o nome de *Placas tectônicas*.

(No ato quase arbitrário de nomear um projeto, a beleza de delimitar um universo para não sucumbir à entropia absoluta, uma cerca que circunscrevesse um terreno a se explorar. Ser artista é mesmo uma loucura.)

Olhando em retrospecto, parece simbólico que o ponto de chegada da trilogia *Placas tectônicas* ostente justamente esse nome: *Chorume*. Penso que nenhum acaso é por acaso e, mesmo que os títulos das minhas peças costumem aparecer antes de qualquer linha dos textos ter sido escrita, a escolha dessa palavra como título fala muito do tempo em que vivemos e em que essa peça foi concebida.

Durante o período em que *lutei/lutamos* pela criação de *Chorume*, o assunto principal que definia o espetáculo se transmutou muitas vezes. Primeiro achei que era uma peça que se aproveitaria de todo tipo de literatura imprópria para o palco como fonte dramatúrgica. Depois, passei a achar que esse era um recorte limitador e achei que se tratava, na realidade, de um espetáculo sobre a *linguagem*, esse assunto que nem parece um assunto, essa instância mediadora de todas as relações e a comunicação humana. Depois passei a achar que eu não era linguista e que tudo estava muito abstrato e racional – e chato – e que o verdadeiro assunto eram os medos mais fundos da contemporaneidade, tudo de mais terrível que tememos neste momento de nossas vidas e deste planeta, a possibilidade de lidar com o nosso próprio chorume, deixar eclodir tudo de mais angustiante que nos corrói.

No fim das contas, eu nem decidi nada: as coisas só foram acontecendo. Olhar para tudo que resultou das coisas que aconteceram parece revelar que *Chorume* não era sobre nenhuma daquelas hipóteses em específico, mas, sim, *sobre todas elas, juntas*. Mais do que isso: era sobre viver num tempo onde "tudo parece que era ainda construção e já é ruína", sobre construir matéria-prima com escombros de linguagem, sobre coletar conversas jogadas fora e torná-las cenas que falem de nós, "aqui e agora".

Todo sofrimento não foi à toa: é muito doloroso e desconfortável revirar o próprio lixo. Com tantas outras coisas para fazer, por que escolher justamente isso? Eis uma pergunta que eu não sei responder, e fico um pouco feliz, confesso, por não ter essa resposta. (O sapo pergunta ao papagaio "Por que todas as coisas existem?", e, antes que o papagaio possa responder, acontece um blecaute.)

Por outro lado, como *não* escolher revirar o próprio lixo? Existe algum outro movimento honesto possível para o momento que atravessamos neste país e no mundo como um todo? A certa altura, pareceu-me que estar escrevendo uma peça em 2017, que estrearia no mesmo ano, lidava com esse movimento incontornável, com a sensação de que certas vezes é simplesmente impossível mudar de assunto, e é preferível mergulhar no desconforto para sair transformado a caminhar angustiado pelas margens.

Se *Chorume* existe é, sobretudo, por conta do seu elenco. Foi a vitalidade de Fabricio Licursi, Geraldo Rodrigues, Guilherme Magon, Julia Correa, Mayara Constantino, Paulo Vinicius e Renata Gaspar que me encheu de vida em todos os momentos em que pensei em desistir de tudo. O tempo todo fui nutrido pelos desejos e pela disponibilidade desses atores, que me lembravam de meus próprios desejos e acordavam minha própria disponibilidade. Eles foram trazendo e sendo ideias, se tornaram dramaturgos, encenadores e parceiros de todas as horas, na alegria e na tristeza, trazendo calma ao caos e caos à calma.

(Deixo aqui um agradecimento especial a toda a equipe deste espetáculo, mencionada em sua ficha técnica. E a quem me inspirou e me amparou demais nessa travessia, como Rafael e Victor. E, sobretudo, Mell.)

Sinto uma satisfação imensa, e uma vertigem, ao pensar na velocidade estonteante com que essa trilogia *Placas tectônicas* (que fala de tantos assuntos que correm por debaixo da pele ou da terra, distantes da dimensão visível e objetiva dos fatos) se concretizou, com menos de três anos entre a estreia de *Não nem nada* e a de *Chorume*.

É uma tarefa inglória e maravilhosa a de pensar o tempo em que estamos enquanto ele se dá, quase uma tentativa de pintar a paisagem entrevista pela janela de um trem em movimento – e o trem em movimento não deixa de ser uma metáfora útil para explicar a velocidade como aspecto fundador na sucessão das cenas das peças dessa trilogia.

Dentro da felicidade de publicar estes três textos (com minha profunda gratidão a Bel Diegues e Mariah Schwartz, sábias e generosas parceiras) pela Cobogó, a reafirmação de que quem faz teatro ama o encontro e que, se esse encontro não pode ser presencial, é lindo que ele aconteça assim, por meio das páginas que você lê neste momento e que farão com que você encene uma peça dentro de sua cabeça daqui a poucos instantes.

Tudo o mais que eu não posso dizer, que as páginas seguintes o digam.

Seu,

Vinicius Calderoni
3 de agosto de 2017

Precedências

Penso em começar pelo conceito de *precedência*, que me é muito caro. Penso que isso seria um começo sobre os começos, a linguagem debruçando-se sobre si mesma. Penso que esta peça é um pouco sobre isso.

Penso, então, em começar pelo exato oposto complementar, esta frase, emprestada d'*Os credores*, de Strindberg, que diz que "quando alguma coisa acontece também acontece tudo o que vem depois".

Penso em Tchekhov, sempre acenando "aos que virão depois de nós".

E penso, então, onde isso tudo começou. E o que aconteceu depois. E por que é que todas as coisas existem. E para onde elas vão.

Tudo isso começou em 2010. No mês de setembro daquele ano, eu e Vinicius Calderoni fundamos – na informalidade do afeto que comporta os mais sólidos compromissos – uma companhia de teatro. Naquele ano estrearíamos um primeiro espetáculo. E éramos ávidos por tudo o que viria depois.

Mas isso tudo começou muito antes. Desde que conheci Vinicius, nossa convivência e nossas conversas alimentavam e construíam um universo teatral. Que era de cada um de nós, individualmente, mas que agigantavam ambos porque compartilhados.

As peças que víramos, as que veríamos, as que queríamos ver. As pessoas, as salas de espetáculo (eis um maravilhoso segredo: Vinicius sabe de cor a lotação exata de todos os teatros de São Paulo!), a poeira cósmica e completamente encantatória que emanava da dramaturgia e de seus efeitos cênicos. O erotismo dos corpos dos atores e sua insubstituível presença. O fascínio da vida, apenas ela, fingindo tão completamente não ser simulacro que com facilidade chegava a não ser.

O teatro era, para nós, um *big bang*. Queríamos estar ali e passar das plateias para os palcos pelo mais simples dos motivos: poder causar nos outros o que as peças que amávamos causavam em nós.

Um ano depois, eu li *Não nem nada*. E minhas exatas palavras foram: "Vinicius, você é insuportável, mas esta peça é espetacular".

Não sei com certeza, mas diria que o "insuportável" era um grande elogio. *Não nem nada* é claramente o sintoma de algo que não se pode suportar – não sozinho, pelo menos. A cabeça de Vinicius e suas criações não são contingenciáveis. Aquilo tinha que sair dali. Aquilo tinha que ir para o mundo.

O que me fez ver materializado um conceito que Vinicius me demonstrou ser um prisma da existência: o *estranhamento do mundo*. Até então, eu pensava na arte (pelo menos na que eu almejava fazer) como uma espécie de bússola de belezas. Um astrolábio que, se não edulcorasse ou escondesse todas as coisas ruins que há, ao menos buscasse, quando possível, revertê-las em potências engrandecedoras. Mesmo que essa potência fosse a tristeza ou o pessimismo.

A partir de *Não nem nada*, eu compreendi que o mundo podia ser apenas (apenas?) *estranhado*. Que esse viés não era um exercício de estilo nem uma escolha. Ele era. E, sendo, implica(va) tudo o que vem depois.

Hoje eu penso em como as coisas eram antes de a primeira peça estrear. Das dúvidas que havia sobre essa dramaturgia tão específica, imbuída de um *estranhamento* e de uma organização únicos. E, logo, de uma comunicabilidade também bastante singular – que naquela ocasião ainda carecia ser posta à prova diante de uma plateia.

Seis anos depois, as respostas são muitas e há três peças – escritas, encenadas e publicadas. Elas existem e formam a trilogia *Placas tectônicas*. E as coisas existirem, eu diria, é sempre um assombro.

Nossos ídolos de outrora (e hoje não menos ídolos, mas também colegas) assinam para essas peças prefácios que nossas cabeças de uma década atrás considerariam feitos inatingíveis. O nível de diálogo e troca que as *Placas tectônicas* foram empreendendo não só com nossos pares (artistas com quem convivemos e que admiramos), mas também com o público, é, de onde eu vejo, para dizer o mínimo, impressionante.

E se escrevo quase toda essa história na primeira pessoa do plural é porque ocupei, durante esse trajeto, um ponto de vista muito privilegiado. Pude ser, ao mesmo tempo, participante e observador. Com os prazeres de estar de dentro somados ao distanciamento dos quais só quem está de fora consegue usufruir.

Considero-me tio desses textos: não os fiz, mas os sinto ligados a mim como pedaços de minha carne. Ao mesmo tempo, na hora em que choram, que querem comida, que desejam brincar, a responsabilidade real é de outro pai.

Chorume é o ponto de chegada de tudo o que aconteceu depois, sem deixar de ser, ao mesmo tempo, mais uma coisa acontecendo. Ao lê-la, minha reação foi: "Vinicius, você é um demente!" E esse "demente", posso dizer com a certeza da proximidade, foi um tremendo elogio.

Demente como "o que, ou quem, age de forma fora do comum". Porque o que está dentro da cabeça de Vinicius Calderoni não são banalidades. Ou, antes, são todas as banalidades anestesiantes, todo o entulho existencial, todos os escombros que fazemos daquilo que fizeram (fizemos) de nós.

Animais soltos das jaulas dos zoológicos, correndo por sobrevivência. Um exército de manequins refugiados. *Haters*. Autômatos. Pessoas forçosamente conformadas com as perdas das próprias pernas. Assassinos. Alegorias ambulantes. Vítimas e artífices de tsunamis. Narradores tentando concatenar informações que não sabemos se constituem uma piada, uma denúncia, um sonho, uma reportagem sensacionalista ou um meme. Mas que, no fim das contas, deve ser só uma piada mesmo. Sem fim.

Tudo isso somos nós, vivos, neste exato instante. Que nunca mais vai se repetir e que é completamente insuficiente. E igualmente assombroso.

O teatro ainda é um *big bang*, que nunca terminou. As coisas vão continuar acontecendo. E saber onde elas começaram provavelmente não vai mudar seus desfechos. Mas, enquanto isso, a tentativa de dar alguma ordem ao caos é um grito de sobrevivência.

Como esta peça.

Rafael Gomes
Agosto de 2017

CHORUME

ou

TUDO QUE SE PODE DIZER DEPOIS QUE TUDO JÁ FOI DITO

ou

CONSTRUIR COM ESCOMBROS

ou

O PROBLEMA DA LINGUAGEM

ou

DESTEATRO

ou

OBSERVE COMO CORREM

de **Vinicius Calderoni**

Chorume estreou no dia 1 de julho de 2017 no Teatro do Sesc Bom Retiro, em São Paulo.

Texto e direção
Vinicius Calderoni

Elenco
Fabricio Licursi
Geraldo Rodrigues
Guilherme Magon
Julia Correa
Mayara Constantino
Paulo Vinicius
Renata Gaspar

Iluminação
Wagner Antônio

Cenário
André Cortez

Figurino
Valentina Soares

Música original
Mariá Portugal e Miguel Caldas

Assistência de direção
Nana Yazbek

Direção de movimento
Fabricio Licursi

Direção de produção
César Ramos e Gustavo Sanna

Realização
Empório de Teatro Sortido

1.

[*TUM PÁ*]

    Chorume, o suco do lixo, o resíduo, o restante, o descarte, a rima remota, o rebote, o aroma do ato falho, a água do aterro, o erro, a sobra feliz dos destroços, os ossos, suprassumo dos enganos humanos, o cocô do cavalo do bandido, o dito por não dito, a sombra da caçamba em chamas, reciclagem das palavras planas, o perene gene do desassossego, degredo, o amor intransigente por migalhas, as falhas, o refúgio prodigioso dos canalhas, as tralhas, o adubo infalível da miséria, o exílio inevitável de Medeia, o espelho dos porões de uma plateia, o extra, o anti, o estorvo, o anormal, o nunca e o nem a pau o nu em pelo, o deslize sem apelo, o desvio do novelo, os restos, as raspas, o excerto, o estrume, mistérios movediços de um perfume, chorume.

[*TUM PÁ*]

MOVIMENTO 1:
O problema da linguagem

2.

– Será? Não sei, pensei mais em contar uma piada, na verdade. Dentro de um carro tinha um papagaio, um sapo que ainda não tinha virado príncipe, o presidente de um país emergente, um português, uma transexual, um piano de cauda e o motorista que era um refugiado sírio. Daí o carro para no semáforo e o papagaio fala para o presidente... não, não, só um momento, parece que não é uma piada. Parece que é uma denúncia. [*muda completamente o tom*] É uma denúncia: a transexual foi agredida, está seriamente ferida e acabaram de descobrir que o motorista sírio está ilegalmente no país e pode ser deportado a qualquer momento, por isso estamos abrindo esse financiamento coletivo para ajudar... Opa, parece que não, gente, parece que é uma piada, sim. É uma piada. Então o português fala no ouvido do papagaio: "Será que tu podes abrir o vidro, estou a sentir muito calor cá dentro." E o papagaio responde... na verdade é tudo um sonho, o carro tem asas, as ruas são nuvens, o presidente é seu pai e a transexual é sua mãe, o sapo que ainda não virou príncipe é você, mas de fora chega um raio fosforescente e você se transforma ... É um meme! Tá começando a viralizar: tá todo mundo de óculos escuros ouvindo Bob Marley que toca no rádio do carro e fazendo uma coreografia com a cabeça, mas é uma piada mesmo e o presidente ordena que o motorista acelere, mas o motorista não entende nenhuma palavra e... é um libelo pacifista em favor da diversidade e da tolerância, é um reality show sobre caronas compartilhadas, é uma alegoria na qual o presidente representa a força, a transexual, a ruptura, e o papagaio, a mesmice, é uma reportagem sensacionalista e é bom tirar as crianças da sala porque as imagens são fortes e o motorista sírio tá preso nas ferragens, na verdade é uma ironia tão funda, cujo sentido real ainda não pode ser compreendido nem mesmo por quem a criou, uma denúncia sobre a brutalidade das relações humanas, mas no fim das contas é mesmo uma piada e o sapo pergunta ao piano de cauda: "Mas então por que foi que a gente ligou o ar-condicionado?" E o piano de cauda responde:

3.

AMIGO CÔMICO: Fá ré si mi dó dó.

CORIFEU: Um encontro igual a outros que se dá no dia a dia, de um amigo com outro amigo em uma churrascaria. Da conversa que avança e retrocede e silencia, você joga a isca e pesca a seguinte sintonia:

AMIGO TRÁGICO: Frase autopiedosa sinalizando frustração profissional.

AMIGO CÔMICO: Resposta enérgica com a intenção de acordar a autoestima do amigo.

AMIGO TRÁGICO: Gesto de concordância e gratidão demonstrando cumplicidade.

AMIGO CÔMICO: Trocadilho bem-humorado acompanhado de movimento de mão rapidamente emendado com gesto de convocação do garçom.

CORIFEU: Numa pausa dos compasses entre o dito e o não dito, o garçom se aproxima para oferecer, convicto:

GARÇOM:	BIFE DE VAZIO?
CORIFEU:	Sobre esse corte de carne, um linguista diria:
LINGUISTA:	Paradoxo.
CORIFEU:	Sobre esse corte de carne, um linguista diria:
LINGUISTA:	Oximoro.
CORIFEU:	E nesse dia o linguista ainda diria:
LINGUISTA:	Amor, você viu aquela minha camisa xadrez?
CORIFEU:	No instante em que o garçom distribui vazio nos pratos, em um solilóquio, este amigo liga os pontos:
AMIGO TRÁGICO:	Vazio é o nome do corte da carne. Vazio também é sinônimo de ausência. Quanto mais vazio, mais carne. Quanto mais vazio, menos carne. Portanto, quanto mais carne, menos carne?
CORIFEU:	Um amigo estraçalha e saboreia o vazio com seus caninos, o outro amigo paralisa e cambaleia, como se ouvisse sinos.
AMIGO CÔMICO:	Pergunta sinalizando preocupação com o estado do amigo. Frase de incentivo para que o amigo fique presente e viva os pequenos prazeres. Provocação amigável e levemente jocosa citando um apelido dos tempos de colégio com a intenção de evocar *aquele* velho amigo que agora parece distante.
AMIGO TRÁGICO:	Você entende? Um bife, que é a coisa mais preenchida que existe, que é carne prensa-

da e compacta, que é a pura afirmação da presença da matéria... de vazio.

CORIFEU: Confiante de estar diante do elo perdido da pós-modernidade, esse amigo hesita, mas sem se dar conta leva o garfo à boca e o vazio o invade. E os garçons seguem a cantiga:

CORO DE GARÇONS: Posta de angústia? Filé de desamparo? Fatia de abandono? Tartar de desespero?

CORIFEU: Um amigo aceita tudo, cortesia do metabolismo exato. O outro amigo, nada, que o vazio foi muito e ainda sobrou no prato. Hora de ir embora, de seguir a vida, de pedir a conta e o cafezinho.

CORO DE GARÇONS: O nosso café só se faz com água turva, lançada em cheio no pó da tristeza; coado no filtro da melancolia, servido quentinho direto na mesa.

CORIFEU: Finalmente os amigos se levantam e desse modo se despedem.

AMIGO CÔMICO: Abraço seguido de frase de incentivo afetuosa, mas viril, com um leve tapinha no rosto.

AMIGO TRÁGICO: Abraço seguido de meneio afirmativo levemente cabisbaixo com frase de concordância dita sem muita convicção.

AMIGO CÔMICO: Saudação final, enérgica.

AMIGO TRÁGICO: Saudação final, reticente.

CORIFEU: E quando se viram para ir embora e seguir viagem, lá de dentro um grito, e o garçom convicto com uma embalagem, certamente sobras, e antes que perguntem do que se trata, o amigo capta e acompanha a boca do garçom dizer:

GARÇOM: BIFE DE VAZIO!

■

OUTRO CORIFEU: Este homem anda pelas ruas levando nas mãos uma quentinha com as sobras do vazio que ainda nem digeriu e chega à sua casa. Deixa a quentinha na mesa, senta-se e observa, sem se mover. Passa um longo tempo olhando para a quentinha. Nada se move. Sua mulher chega à cozinha vinda de outro cômodo.

MULHER: Hummmm, deixa eu ver o que você trouxe de bom...

HOMEM TRÁGICO: Bife de vazio.

MULHER: Bife de...?

HOMEM TRÁGICO: Vazio.

A MULHER se senta ao lado do HOMEM TRÁGICO, ambos prostrados.

MULHER: Talvez a gente possa comer.

HOMEM TRÁGICO: É terrível de digerir.

Pausa.

MULHER: Talvez nós pudéssemos jogar fora.

HOMEM TRÁGICO: Seria uma covardia.

Pausa.

MULHER: Talvez a gente possa simplesmente olhar durante um tempo. Pode ser que a gente se acostume.

HOMEM TRÁGICO: É possível.

Pausa.

MULHER: É...

HOMEM TRÁGICO: Eu também não...

Pausa.

OUTRO CORIFEU: Então sua mulher teve uma brilhante ideia.

MULHER: Digerir é doloroso, jogar fora é covardia e permanecer olhando é torturante. Mas talvez esse grande pedaço de vazio possa servir a outros que não nós.

OUTRO CORIFEU: Assim ela doou as sobras do bife de vazio a uma fábrica de embutidos e ensinou a todos que às vezes, para que a vida continue, é preciso matar uma metáfora. [*pausa*] Sem querer generalizar, é claro. [*pausa*] É um negócio engraçado, não sei se sou só eu... [*pausa*] Sabe aquelas vezes em que você percebe...

AMIGA: [*chegando pelo canto*] Cala a boca que você tá aqui!

4.

OUTRO CORIFEU: Querida, que surpresa boa!

Abraçam-se.

AMIGA: Ah, que bom te ver!

OUTRO CORIFEU: A gente não se vê há milênios!

AMIGA: Nossa, muito, desde quando mesmo?

OUTRO CORIFEU: Ah, acho que faz quase um ano, um ano e meio...

AMIGA: Nossa, que bom te encontrar!

OUTRO CORIFEU: Mas você tá ótima!

AMIGA: Ah, brigada! [*pausa*] Preciso muito te contar uma coisa.

OUTRO CORIFEU: Me conta.

AMIGA: Tá reparando alguma coisa diferente em mim?

OUTRO CORIFEU: Não sei, você...cortou o cabelo?

AMIGA: Eu tô grávida!

OUTRO CORIFEU: Eu não acredito nisso!

AMIGA: Não é maravilhoso?

OUTRO CORIFEU: Que notícia incrível!

AMIGA: Eu tô muito feliz!

OUTRO CORIFEU: Você tá com pressa agora?

AMIGA: Não, tô tranquila.

OUTRO CORIFEU: Vamos sentar ali, tomar um café?

AMIGA: Claro. Pode ser naquela mesa?

OUTRO CORIFEU: Parece perfeito!

Saem.

■

Um outro casal de atores entra, ocupando o mesmo espaço vazio deixado pelo casal da cena anterior. E faz uma cena com a mesma exata trajetória gestual da cena anterior. A diferença é que este novo casal só fala frases extraídas de rótulos de garrafas de água mineral. O primeiro casal, que fez a cena anterior, reproduz a cena no canto esquerdo do palco, como se fosse uma sombra tridimensional, um eco cênico. As intenções de cada fala estarão indicadas dentro da rubrica.

AMIGA 2: [*Cala a boca que você tá aqui!*] Água mineral natural!

AMIGO 2: [*Querida, que surpresa boa!*] Conteúdo 300 ml!

Abraçam-se.

AMIGA 2: [*Ah, que bom te ver!*] Não contém glúten!

AMIGO 2: [*A gente não se vê há milênios*] Água mineral fluoretada!

AMIGA 2: [*Nossa, muito, desde quando mesmo?*] Francamente radioativa na fonte?

AMIGO 2: [*Ah, acho que faz quase um ano, um ano e meio*] Desde... 1876...

AMIGA 2: [*Nossa, que bom te encontrar!*] Indústria brasileira!

AMIGO 2: [*Mas você tá ótima!*] Validade 12 meses!

AMIGA 2: [*Ah, preciso muito te contar uma coisa!*] Após a data de envase na garrafa!

AMIGO 2: [*Me conta*] Sem gás!

AMIGA 2: [*Tá reparando alguma coisa diferente em mim?*] Composição química miligramas por litro?

AMIGO 2: [*Não sei, você... cortou o cabelo?*] Hummm... Bário, estrôncio, cálcio?

AMIGA 2: [*Eu tô grávida!*] Sódio, potássio!

AMIGO 2: [*Eu não acredito nisso!*] Bicarbonato!

AMIGA 2: [*Não é maravilhoso?*] Sulfato, magnésio?

AMIGO 2: [*Que notícia incrível!*] Fluoreto!

AMIGA 2: [*Eu tô muito feliz!*] Cloreto, nitrato.

AMIGO 2: [*Você tá com pressa agora?*] Manter em lugar seco?

AMIGA 2: [*Não, tô tranquila*] Limpo e arejado.

AMIGO 2: [*Vamos sentar ali e pedir um café?*] Livre de odores e protegido da luz solar?

AMIGA 2: [*Claro. Pode ser naquela mesa?*] Retornável. Reciclável?

AMIGO 2:   [*Parece perfeito!*] Fonte leve!

Saem.

■

O segundo casal vai para o lado direito do palco e começa a refazer a ação, exatamente como o primeiro casal, que também faz a partitura física de sua cena no canto esquerdo do palco. No meio do palco, chega o terceiro casal, que inicia a mesma partitura física, mas com um novo texto. A intenção das falas está contida, novamente, nas rubricas.

AMIGA 3:   [*Cala a boca que você tá aqui!*] Cala a boca que você tá aqui!

AMIGO 3:   [*Querida, que surpresa boa!*] Uma guerra mundial pela escassez de água potável!

Abraçam-se.

AMIGA 3:   [*Ah, que bom te ver!*] Cala a boca que você tá aqui!

AMIGO 3:   [*A gente não se vê há milênios!*] O aumento da temperatura global gera cataclismos.

AMIGA 3:   [*Nossa, muito, desde quando mesmo?*] Cala a boca... que você tá aqui?

AMIGO 3:   [*Ah, acho que faz quase um ano, um ano e meio...*] Ah, um homem-bomba explodindo em uma sorveteria, num domingo à tarde...

AMIGA 3:   [*Nossa, que bom te encontrar!*] Cala a boca que você tá aqui!

AMIGO 3: [*Mas você tá ótima!*] Vegetais com agrotóxicos!

AMIGA 3: [*Ah, brigada! Preciso muito te contar uma coisa!*] Cala a boca... [*pausa*] Cala a boca que você tá aqui!

AMIGO 3: [*Me conta*] Carne com hormônios.

AMIGA 3: [*Tá reparando alguma coisa diferente em mim?*] Cala a boca que você tá aqui?

AMIGO 3: [*Não sei, você... cortou o cabelo?*] Mísseis nucleares... nas mãos de líderes volúveis?

AMIGA 3: [*Eu tô grávida!*] Cala a boca que você tá aqui!

AMIGO 3: [*Eu não acredito nisso!*] Roupas de grife feitas com mão de obra escrava!

AMIGA 3: [*Não é maravilhoso?*] Cala a boca que você tá aqui?

AMIGO 3: [*Que notícia incrível!*] Desmatamento de grandes florestas!

AMIGA 3: [*Eu tô muito feliz!*] Cala a boca que você tá aqui!

AMIGO 3: [*Você tá com pressa agora?*] Cataclismos gerados pelo aumento de temperatura global?

AMIGA 3: [*Não, tô tranquila.*] Cala a boca que você tá aqui!

AMIGO 3: [*Vamos sentar ali e pedir um café?*] Acordar um dia e não ser mais compreendido?

AMIGA 3: [*Claro. Pode ser naquela mesa?*] Cala a boca... que você tá aqui?

AMIGO 3: Deus não existe.

■

Os três casais repetem o mesmo protocolo gestual de todo o ciclo de diálogos anterior, desdobrando o assunto em uma coreografia sem palavras.

Aos poucos, os gestos cotidianos vão se dissolvendo, dando espaço a gestos primais, num movimento entre a adequação às convenções sociais e a explosão incontida dos impulsos vitais.

Blecaute.

MOVIMENTO 2:
Tudo que se pode dizer depois que tudo já foi dito

5.

FELIPE: É o que eu tô te dizendo: não tem nada acontecendo até que alguma coisa acontece.

Luz vai acendendo lentamente.

FELIPE: Normalmente, a essa hora, eu taria dando uma aula particular prum moleque pré-adolescente ruim à beça em geometria analítica, mas ele não veio, então de repente eu tava aqui nesse café vivendo a alegria meio opressiva e paralisante de ter uma tarde toda pra mim. Eu tinha pedido um cappuccino e nada estava acontecendo até que você entrou por aquela porta, sentou a esta mesa e tudo que aconteceu a seguir é o que você já sabe: eu completamente hipnotizado pela maneira como você organiza seus gestos e pela maneira como o ar se comporta ao redor de você. Depois, eu caminhando meio desajeitado até sua mesa, quase tropeçando naquele fio solto e me recuperando a tempo de evitar uma queda desclassificatória; eu parado aqui na sua frente, te fazendo interromper a leitura do seu livro, que parece interessante porque já passou da metade; eu dizendo essas coisas todas assim, completamente sem jeito...

NÁDIA: E como eu posso te ajudar?

FELIPE: Eu ainda não tinha pensado nisso.

NÁDIA: Não?

FELIPE: Não. [*pausa*] Mas talvez assim: se você achar que essa conversa vai ser só aborrecimento e tédio, então pode voltar a olhar pras páginas do seu livro que eu vou entender o recado e voltar pra minha mesa. Se achar que a conversa deve continuar, diga qualquer coisa.

Pausa.

NÁDIA: Me fala um pouco mais sobre geometria analítica.

FELIPE: Claro. Posso começar dizendo que existe uma fórmula para calcular a distância entre dois pontos num plano cartesiano. Mas que hoje, em vez de calcular a distância da minha até a sua mesa, eu preferi caminhar até você e vencer a distância com as minhas próprias pernas e *isso foi tudo o que eu não disse*. Eu passei uma boa meia hora olhando para ela sentada a algumas mesas de distância imaginando coisas encantadoras que eu podia dizer, mas não consegui ir até lá. Logo depois ela partiu, mas as palavras ficaram nublando minha cabeça, me fazendo pensar em tudo que podia ter acontecido se eu tivesse conseguido dizer.

ATENDENTE: E em que posso ajudá-lo?

FELIPE: Eu queria alugar um espaço para guardar essas palavras todas, pra não ter que ficar lembrando delas o tempo inteiro.

ATENDENTE: Prefere uma cela trágica com grades de ferro sem nenhuma entrada de luz ou um quarto branco inteiramente acarpetado onde o som não se propaga?

FELIPE: Qual é a diferença?

ATENDENTE: Recomendamos um *tour* de reconhecimento de nossas dependências para auxiliar na sua escolha.

FELIPE: *Tour* de reconhecimento?

AMIGA SINCERA: Eu achei que essa cor de cabelo não ficou boa com a sua pele.

ATENDENTE: À sua direita, a ala das palavras ditas que causaram arrependimento a quem as disse.

NOIVA APAIXONADA: Eu quero ter cinco filhos com você e que a gente fique junto pro resto da vida.

HOMEM SENDO TORTURADO: É uma casa na rua Magalhães Cardoso, nº 56, tem uma edícula no fundo e embaixo do armário tem uma entrada para um porão. É lá que ele tá escondido.

FELIPE: Parece bem grande essa ala.

ATENDENTE: É uma das maiores da casa. Logo à frente, à sua esquerda, uma ala um pouco menor das palavras extraviadas que não chegaram ao destino almejado.

AMIGA DESESPERADA: Pelo amor de Deus, Jane, estourou um encanamento do seu apartamento, tá inundando o prédio todo, onde você tá?

FULANO: Cê vai encontrar a Aninha nesse fim de semana? Diz que eu mandei um beijão!

ATENDENTE: E, aqui abaixo, a maior de todas as alas do pavimento superior: a das palavras ouvidas que se preferia esquecer.

HOMEM DESENCANTADO: Eu não tenho mais muito tempo de vida.

MÃE DESMISTIFICADORA: Fada do dente não existe.

MULHER PRECONCEITUOSA: Quando eu entrei tava um cheiro muito forte de pobre.

COZINHEIRA EMPOLGADA: Coloquei bastante coentro!

FELIPE: Falta muito pra chegar a minha ala?

ATENDENTE: Absolutamente, aqui está.

MARIDO REPRIMIDO: Querida, eu sou gay.

ATENDENTE: A ala das palavras não ditas.

IRMÃ ASSEDIADA: CALA ESSA BOCA! AGORA SÓ EU QUE VOU FALAR! Como você pode, seu filho da puta? Como você pode fazer isso com a sua própria irmã? Que tipo de animal você se tornou quando eu falei pra você parar? Ou era só prazer de me ver sofrer: sua alegria covarde de me possuir à força sem ninguém por perto, é isso? RESPONDE, SEU DESGRAÇADO!

FELIPE: Parece ótimo. Vou ficar com o quarto branco onde o som não se propaga.

ATENDENTE: Ótima escolha. Se quiser aproveitar nosso pacote especi...

OUTRO CLIENTE: Boa tarde!

ATENDENTE: Pois não.

OUTRO CLIENTE: Eu deixei algumas palavras não ditas aqui há alguns anos, mas gostaria de pegar de volta, porque estou precisando muito usar por esses dias.

ATENDENTE: Desculpe, mas só fazemos devoluções mediante liminar para casos especiais.

OUTRO CLIENTE: Mas o meu caso é especial, a felicidade de outras pessoas depende disso.

ATENDENTE: Bom, pra isso você vai precisar preencher aquele formulário. Você se lembra de quais são as palavras?

OUTRO CLIENTE: Lembro exatamente. As palavras são as seguintes: A sua mãe não morreu pouco depois do seu nascimento. Na verdade, ela

	me abandonou sem dizer nada quando você tinha dois meses e não deu notícias por anos a fio, então eu preferi dizer pra você que ela tinha morrido.
FILHA:	Mas ela tá viva?
OUTRO CLIENTE:	Faz dois anos que ela voltou pro Brasil e ligou pra casa um dia, mas eu pedi pra ela sumir e não te procurar nunca mais.

Pausa.

FILHA:	E por que você nunca me disse isso?
OUTRO CLIENTE:	Porque eu tinha medo, porque... não sei por quê.
FILHA:	Eu quero que você saia agora por essa porta e não volte nunca mais.
ATENDENTE:	E como eu posso ajudá-la?
FILHA:	Eu me arrependi de dizer essas palavras e queria alugar um depósito pra elas sumirem da minha cabeça, pelo menos até meu pai sair do hospital.

6.

MÉDICO:	Eu receio não ter boas notícias. O estado dele se deteriorou muito nas últimas 12 horas e agora é uma questão de tempo até

acontecer. Pode levar um minuto ou um dia, mas certamente não mais que isso. Então eu aconselho você a ligar para os familiares e amigos mais próximos para que eles venham se despedir.

FILHA: Agora?

MÃE: Agora mesmo, coisa de meia hora atrás.

AMIGA: Nossa, que delícia te encontrar, tava morrendo de saudade.

MÃE: Eu também tava com muita. Que cê tá fazendo?

AMIGA: Nada, tava numa reunião aqui perto, acabou mais cedo, então vim fazer uma hora aqui. E você?

MÃE: Ah, eu vim passar a tarde com aquela pessoinha ali.

AMIGA: Aquela pessoinha ali? Espera um pouco? Aquele é seu FILHO?

FILHA: É o meu pai, Arthur. Ele tá no fim e eu queria que você viesse antes de ele partir. Você se lembra do número do quarto?

AMIGA: Eu não lembrava, meu Deus do céu, amiga, como ele é lindo!

MÃE: Ah, eu também acho!

AMIGA: Ai, ai, ai, que coisa mais rica! E esse olho azul, você achou no mar?, ou você ganhou da sua mãe? Hein? Nossa, ele deve estar me olhando e pensando: "Que será que essa louca tá me falando?"

MÉDICO:	Não dá pra afirmar categoricamente, mas ainda existe uma atividade neuronal, então é possível, para não dizer provável, que ele possa entender as coisas que você diz, mesmo que não dê nenhum sinal.
FILHA:	Sou eu, a Alice. Eu tô aqui com você. Você consegue me ouvir, pai?
AMIGA:	Eu acho que ele tá querendo falar.
FILHA:	Eu acho que a boca dele se mexeu...
MÃE:	O pediatra disse que a partir de agora pode ser a qualquer momento.
MÉDICO:	Provavelmente são espasmos involuntários decorrentes da medicação.
AMIGA:	Quer conversar com a gente, lindinho?
PAI:	Eu quero, claro. Eu queria poder dizer: "Estou sentindo muito frio." Ou dizer: "Essa agulha espetada no meu braço machuca."
FILHO:	Os dois buracos que se abrem e se fecham no meio da cara da mamãe estão se mexendo como em todas as vezes em que ela está esperando alguma coisa com muita força.
FILHA:	Calma, pai, você vai conseguir.
PAI:	Eu não posso desperdiçar toda a energia que me resta dizendo uma coisa que não signifique nada. Não é como antigamente, quando cata-vento, paquiderme, ululante, termostato, geringonça, quando nem era preciso escolher, as palavras saltavam de dentro da garganta feito paraquedistas.

FILHO: Porque tem tantas coisas bonitas que eu quero pra mim. Essa coisa de vidro aberta só no lado de cima que a mamãe usa pra beber coisas molhadas. Esse papelzinho dobrado que as pessoas passam na boca depois que comem. É tudo tão bonito. Como é que eu posso escolher uma e não escolher as outras? Essa coisa redondinha em cima da minha cabeça de onde sai uma luz cada vez que alguém aperta um botão na parede...

MÃE: Achou bonita a lâmpada, filho?

PAI: Essa lâmpada tá me ofuscando.

FILHA: Será que ele quer que eu traga a lâmpada para perto?

FILHO: Será que se eu disser o nome disso a mamãe vai gostar?

PAI: Ela vai gostar de qualquer coisa que você disser.

FILHO: Como você sabe?

PAI: Porque eu já estive aí, no mesmo lugar que você está agora.

FILHO: E agora, onde você está?

PAI: Num lugar que um dia você vai conhecer também.

FILHO: E o que você vai querer dizer daí onde você está?

PAI: Eu não sei.

FILHO: Então fecha os olhos e fala a primeira coisa que aparecer na sua cabeça, que deve ser a coisa mais importante de todas.

PAI: Pode ser bom.

FILHO: E eu, o que eu digo?

PAI: Pensa na coisa que pode te levar mais longe de todas e diz: "Assim você vai viver a vida toda acima das coisas miúdas."

FILHO: Tá bom, combinado!

MÃE: Acho que ele vai falar mesmo!

FILHA: Fala, pai, fala!

MÉDICO: Ele tá sedado.

AMIGA: Ai, que emoção!

MÃE: Quer falar, meu amor?

FILHA: Fala comigo, pai!

MÉDICO: Realmente, a boca dele...

AMIGA: Olha lá!

PAI: Mamãe!

FILHO: Transcendência!

A MÃE e a AMIGA olham chocadas para o FILHO.

AMIGA: Dizem que essa geração de hoje já nasce superbem-informada.

7.

Uma risada de claque de sitcom soa, ainda como desdobramento da última fala da cena anterior. A AMIGA se torna ESPERANÇA.

ESPERANÇA: Olá, meu nome é Esperança e eu tenho duzentos anos, mas nunca envelheço. Esta é minha casa e aqui as coisas são a maior confusão. Este é meu pai, o Ódio.

ÓDIO: Detesto quando mexem nas minhas coisas.

ESPERANÇA: E esta é minha mãe, a Alegria.

ALEGRIA: Repararam como o dia está bonito?

ESPERANÇA: Eles formam um casal muito especial. Não dizem que os opostos se atraem?

MEDO: Sabia que tem satélites monitorando tudo que você fala o tempo todo, e vão implantar chips na cabeça das pessoas pra controlar o que elas pensam?

ESPERANÇA: Este é meu irmão, o Medo. Ele tem umas conversas um pouco estranhas, mas acho que vai melhorar com o tempo: o Medo está em fase de crescimento.

MEDO: Você nunca fecha essa matraca. Daqui a pouco vai ficar sem voz.

HIPOCRISIA: Crianças, não briguem! Não se esqueçam de que no seio de uma família só pode existir amor.

ESPERANÇA: Esta é a tia Hipocrisia, e não há nada mais importante para ela do que nossa família.

TÉDIO: Uaufe.

ESPERANÇA: Ah, que cabeça a minha, já ia me esquecendo: este é nosso cachorro, o Tédio. Ele costuma dormir o dia inteiro, mas hoje está bem falante e animado, não é?

TÉDIO: [*vira lentamente a cabeça na direção da Esperança. Olha para ela com o olhar mais sem vida jamais registrado. Pausa. Late.*] Uaufe.

ESPERANÇA: Nós somos a Família Alegoria. Sejam bem-vindos, sintam-se em casa.

Entra vinheta musical. Uma voz em off *anuncia o nome do episódio:*

VOZ EM *OFF*: Festa de ano-novo.

ÓDIO: O que esses débeis mentais estão tanto comemorando?

ESPERANÇA: Hoje é dia da festa de ano-novo, papai.

ÓDIO: Detesto esse dia e detesto que festejem, ninguém vê que amanhã vai ser tudo igual? Agora ficam soltando esses fogos e assustando o Tédio.

TÉDIO: Uaufe, uaufe.

MEDO: Meu Deus, papai, ele está histérico, será que ele pode botar a casa abaixo?

ÓDIO: Esperança, prenda o Tédio na área de serviço antes que esses fogos malditos causem um transtorno irreversível em sua personalidade.

ESPERANÇA:	Venha, Tédio, me acompanhe. Ô Tédio, como adoro a sua companhia. [*sai*]
ÓDIO:	Não me conformo como sua irmã gosta tanto desse bicho pulguento.
MEDO:	É verdade, a Esperança tem uma relação muito especial com o Tédio.
ALEGRIA:	[*entrando*] Olha o docinho para abrir o apetite!
MEDO:	Ainda bem, achei que pudesse morrer de fome.
HIPOCRISIA:	Uma deliciosa bandeja de sonhos.
ÓDIO:	Você sabe que eu odeio doce, ainda mais esse.
ALEGRIA:	Oh, querido, não seja tão negativo, você sabe que as crianças amam.
MEDO:	Puxa, que delícia, o que poderá acontecer no dia em que esse doce não existir mais no mundo?
HIPOCRISIA:	Esse dia nunca existirá, meu querido.
ALEGRIA:	Escute sua tia Hipocrisia e coma o sonho que você tanto ama.
ESPERANÇA:	[*voltando*] Puxa, depois que a tia Ilusão morreu, nunca mais houve sonhos nesta casa.
HIPOCRISIA:	Mas estes sonhos foram feitos com a receita que sua tia Ilusão nos deixou de herança.
ESPERANÇA:	Mas a bandeja está vazia!!!
ÓDIO:	Medo, por que você comeu os sonhos de sua irmã Esperança?

MEDO:	Porque fiquei assustado pensando que poderia esquecer do sabor.
HIPOCRISIA:	Não se preocupe, sobrinha querida, sua mãe Alegria pode fazer mais sonhos pra você.
ALEGRIA:	Isso mesmo, minha querida, ainda mais com a ajuda de minha querida irmã Hipocrisia, que me ajudará a produzir mais sonhos.

Uma ruptura brusca de registro: encenam brevemente uma família realista.

ESPERANÇA:	Vai se foder, seu egoísta de merda.
MEDO:	Cala essa sua boca de vaca que só diz bosta.
ÓDIO:	Eu vou arrebentar a cara de vocês.
ALEGRIA:	Pelo amor de Deus, parem, hoje é dia de festa!

Campainha. Todos voltam ao registro mecânico das sitcoms.

ESPERANÇA:	Era quem eu estava esperando!
ÓDIO:	Quem é o demente que tem o desplante de tocar a campainha num dia como esse?
MEDO:	Oh céus, será que é um ladrão?
ESPERANÇA:	Não, é meu namorado. [*sai*]
ALEGRIA:	Que orgulho de nossa Esperança, está crescendo.

HIPOCRISIA: Que orgulho de nossa Esperança, está crescendo.

ÓDIO: Detesto o fato de que a Alegria e a Hipocrisia têm sempre as mesmas opiniões.

ESPERANÇA volta com JONAS.

ESPERANÇA: Papai, mamãe, titia, irmão, este é meu namorado, o Jonas.

JONAS: [*que é o cara mais normal que existe*] Opa. Belezinha?

ÓDIO: Ei, alto lá. Não gostei da sua cara, rapaz!

MEDO: Será que ele pode fazer mal à minha irmã?

ALEGRIA: Não sejam tão negativos, ele me pareceu ótimo.

HIPOCRISIA: E pareceu ter um sorriso bem sincero.

ÓDIO: Diga logo o que faz e quais são suas intenções com minha filha antes que eu te expulse a pontapés.

JONAS: [*fala como uma pessoa normal*] Bom, primeiro obrigado pelo convite, é uma honra conhecer a casa de vocês. Minhas intenções com a sua filha são as melhores possíveis, eu realmente gosto muito dela. O que eu faço? Eu sou traficante, um equivalente contemporâneo dos magos feiticeiros da Antiguidade: dou poções mágicas pras pessoas saírem de suas vidas horríveis. Quando o efeito passa, elas me procuram de novo e eu salvo a vida delas de novo por alguns instantes, até que o efeito acaba e elas me procuram, e assim por diante. Eu sou estável financeiramente porque minha profissão tem uma relevância social significativa e uma grande procura da clientela, seguindo a lógica de mercado de oferta e demanda. E com todo o respeito, é muito bom foder a sua filha, porque ela tem uma passividade comovente.

Pausa longa. Todos se entreolham.

ÓDIO: Alguém entendeu o que ele disse?

ALEGRIA: Eu acho que ele não fala o mesmo idioma que nós.

MEDO: Será que ele é um extraterrestre?

HIPOCRISIA: Onde você achou esse garoto?

ESPERANÇA: [*para a plateia*] Xiiiii, não disse que aqui só tem confusão?!

Os atores congelam em uma posição. Entra uma vinheta musical. A música continua e eles continuam paralisados, tempo suficiente para que a paralisia seja desconfortável. Num dado momento uma atriz vence a paralisia e começa a falar.

8.

VERIDIANA: Esse livro... [*olha ternamente para Bernardo*] É lindo.

BERNARDO: Tive medo...

VERIDIANA: De quê?

BERNARDO: Não sei... Que você não gostasse, que achasse chato...

VERIDIANA: Mesmo que não tivesse gostado, teria amado.

BERNARDO: Teria?

VERIDIANA: Não precisa amar o objeto pra amar o gesto.

BERNARDO: Mas amar o gesto detestando o objeto deve dar um trabalho desgraçado.

Riem. Pausa.

VERIDIANA: Mas eu amei o livro. E a dedicatória também.

BERNARDO: Você leu?

VERIDIANA: Li.

BERNARDO: Achei que ia deixar pra ler depois.

VERIDIANA: Li antes.

PEDRO: Mari.

BERNARDO: Gostou de verdade?

PEDRO: Escuta só essa que eu encontrei.

VERIDIANA: Gostei tanto que acho que sou capaz de dizer de cor.

PEDRO: Acho que você vai amar.

BERNARDO: Duvido.

MARI: Fala.

VERIDIANA: Veri, perdoe a caligrafia de quem escreve rápido pra que as ideias não escapem.

PEDRO: Mas desde que começaram nossas conversas, o interior da minha mente vive em permanente tempestade.

VERIDIANA: Confio na sabedoria da natureza, porque só depois das chuvas tudo pode germinar e brotar.

PEDRO: Sinto dentro de mim prenúncios de primavera.

VERIDIANA: E o desejo de que seja duradoura e plena.

PEDRO: Se achar um pouco úmidas as páginas deste livro que te entrego, não estranhe. Elas estão encharcadas de todos esses sentimentos.

VERIDIANA: Com os braços abertos e um beijo do seu...

PEDRO: Bernardo.

BERNARDO: Tô impressionado.

PEDRO: Dezessete de maio de mil novecentos e cinquenta e dois.

BERNARDO: Como você conseguiu guardar tudo de cor?

MARI: Caralho, cinquenta e dois!

VERIDIANA: Como eu podia me esquecer?

PEDRO: Não é lindo?

MARI: É arrepiante.

PEDRO: Pra mim dá uma espécie de barato, um lance quase meio *voyeur*, sabe?

MARI: Pode crer, uma sensação de estar testemunhando uma parada íntima, a construção de uma história.

PEDRO: Você acha que depois dessa dedicatória eles ficaram juntos?

MARI: Ah, eu torço pra que sim. Você não?

PEDRO: Não tem como não torcer, eu acho.

MARI: Se bem que, sei lá, por que isso tem que ser o mais legal, também?

PEDRO: Você diz eles ficarem juntos?

MARI: É. Às vezes acho que a gente fica meio condicionado com um lance meio amor romântico, e o legal era eles viverem uma noite louca e nunca mais se verem, sabe?

PEDRO: [*ligeiramente desapontado, tentando disfarçar*] É, pode crer.

MARI: Ou não, também. Sei lá, Pê, às vezes eu falo muita merda, cê tá ligado?

PEDRO: É falando merda que a gente aduba a vida, né?

MARI: Hahahaha, idiota. Vai, vamos voltar a procurar.

PEDRO: Vamos.

MARIA: Senta aí.

MARI: Pê!

MARIA: Você não paga mais caro se sentar.

MARI: Como era o nome da moça dessa dedicatória que você leu?

AUGUSTO: Acho que essa é a frase que o papai mais disse na vida.

PEDRO: É Veridiana.

AUGUSTO: Mas eu tô bem assim, de verdade.

MARI: E o nome do cara é Bernardo?

MARIA: [*suspira*] Acho que a gente pode começar por umas coisas mais simples pra esquentar.

PEDRO: É. Por quê?

AUGUSTO: Pode ser. O que você sugere?

MARI: Eu acho que a gente acabou de fazer uma descoberta muito cabulosa.

MARIA: Os livros.

AUGUSTO: Os livros?

MARIA: Melhor do que a casa na praia, o carro, o piano da mamãe.

AUGUSTO: Bom, eu realmente não faço questão de ficar com nenhum.

MARIA: Nenhum?

AUGUSTO: Detesto ficar juntando coisa que eu não vou usar, ainda mais livro que junta poeira. Pode ficar com todos, se você quiser.

Pausa.

MARIA: Acho que eu também não quero nenhum.

AUGUSTO: Ué?

MARIA: Não tenho nem onde botar tanto livro na minha casa.

AUGUSTO: Tem uns com dedicatória...

MARIA: Não sei, pra lembrar eu prefiro as fotos. As dedicatórias me dão uma sensação estranha, parece que eles tão aqui, só que não...

AUGUSTO: Então o que a gente faz? Doa?

PEDRO: São treze.

MARIA: Pode ser, tem um monte de instituição de caridade que pode aceitar.

MARI: Quatroze com aquele primeiro que você leu.

AUGUSTO: Eu tenho um amigo que tem um sebo, talvez ele possa querer todos.

PEDRO: Verdade, quatorze. O primeiro de cinquenta e dois, o último de dois mil e três.

MARIA: Ótimo, combinado.

MARI: Quatroze dedicatórias de Bernardo pra Veridiana e de Veridiana pra Bernardo.

AUGUSTO: Escuta só essa.

PEDRO: Essa é a história que a gente conseguiu reconstruir.

BERNARDO: Vida minha,

VERIDIANA: Adorado,

BERNARDO: Meu bem,

VERIDIANA: Querido,

BERNARDO: Não foi um ano fácil, por certo.

VERIDIANA: Nunca me lembro de ter estado tão feliz.

BERNARDO: Dei-me conta de que desde a chegada dos pequenos esse hábito havia sido perdido.

VERIDIANA: Que essas palavras sirvam como gatilho para um resgate.

PEDRO: Tenho tanto entusiasmo ao pensar em tudo que vamos construir.

MARI: É bonito olhar pras nossas derrotas agora, não acha?

AUGUSTO: Sinto que navegamos num barco fantasma.

MARIA: É minha convocação para caminharmos sob o sol.

BERNARDO: Estou certo de que vai esquentar seu coração no inverno gélido que se anuncia.

VERIDIANA: Se nossas pernas já não têm mais o vigor de outrora, que pelo menos nossos dedos conservem o apetite pelo ato de virar as páginas.

PEDRO: Espero que a leitura a faça sentir mais viva do que nunca.

MARI:	Serve para nos lembrar de que somos finitos.
AUGUSTO:	Tudo que eu não posso dizer, que as páginas seguintes o digam.
MARIA:	Acho que isso era tudo.
BERNARDO:	Seu.
VERIDIANA:	Sua.
MARI:	Meu?
PEDRO:	É.
MARI:	Nossa, mas não precisava.
PEDRO:	Não tem nada a ver com precisar, eu quis.
MARI:	Eu nem vi você pagando.
PEDRO:	Ah, eu sou discreto.
MARI:	Esse livro... É lindo.
HATER 1:	Que lixo!
PEDRO:	Tive medo.
HATER 2:	Meloso pra caralho!
MARI:	De quê?
HATER 1:	Não acredito que eu perdi cinco minutos da minha vida com isso.
PEDRO:	Não sei... Que você não gostasse, que se desinteressasse na terceira linha...
HATER 2:	No começo tava até achando legal, mas depois eu vi que era uma puta babaquice.
MARI:	Mesmo que não tivesse gostado teria amado.

HATER 1:	Dois arrombados, na moral.
PEDRO:	Teria?
HATER 2:	Fiquei com vontade de vomitar!

MOVIMENTO 3:
Observe como correm

9.

Irrompe o ESPECIALISTA.

ESPECIALISTA: Dá pra observar, sem dúvida, nos dias de hoje, um aumento significativo da temperatura das discussões e do clima de animosidade geral, com a proliferação das mídias sociais. Isso ocorre fundamentalmente porque há um ambiente propício para esses gestos de covardia, a permanente proteção do anonimato e uma legislação ainda incipiente em termos de punição. Ou seja, olhando mais de perto o fenômeno...

O ESPECIALISTA continua mexendo a boca mas não sai som de sua fala. Ele é dublado in loco *pelo HATER 1 e pelo HATER 2.*

HATER 1: [*dublando o Especialista, que mexe a boca*] Oi, eu sou um imbecil, e estou aqui falando um monte de merda, blá-blá-blá, blá-blá-blá.

HATER 2: [*dublando o Especialista, que continua mexendo a boca*] Opa, acho que fiz cocô na calça, alguém pode vir aqui limpar? Ô mãe, manhê, vem me limpar!

O ESPECIALISTA volta a falar alto, e os HATERS vão caminhando até ele.

ESPECIALISTA: ...os Haters, como são conhecidos, promovem uma verdadeira caravana de ódio e de desconstrução permanente de qualquer manifestação...

Os HATERS passam a mexer no rosto do ESPECIALISTA enquanto ele fala, dificultando aspectos da sua fala.

ESPECIALISTA: [*falando atrapalhado pelos Haters*] As redes sociais são a arena perfeita para a proliferação desse tipo de comportamento. Tudo se ergue e se destrói instantaneamente, em verdadeiros corredores poloneses de brutalidade verbal...

HATER 2: Puta papinho de comunista do caralho.

HATER 1: Certeza que ele não trepa há uns cinco anos, kkkkkk...

O HATER 1 empurra o ESPECIALISTA pra longe e o ESPECIALISTA se torna a MEDITANTE.

MEDITANTE: Eu era que nem todo mundo, hiperconectado, celular, e-mail, enfim. Comecei a sofrer de ansiedade, depressão, pânico, daí acendeu aquela luz e eu tomei esta decisão: parei com qualquer conexão virtual. Foi a melhor coisa que eu já fiz na vida. Tudo melhorou. Comecei a vislumbrar a possibilidade de encontrar uma paz interior. Faz cinco anos que eu sou meditante e acho que o que a gente precisa fazer é quebrar o ciclo de ódio, pra reencontrar essa humanidade perdida, mas que todo mundo ainda tem dentro de si.

HATER 1: Chega aqui que eu vou quebrar o ciclo de ódio na sua cabeça.

HATER 2: Isso, foge, covarde, não guenta, bebe leite.

HATER 1: Paz interior de cu é rola.

HATER 2: Essa imbecil tá aí pra fazer lavagem cerebral pra editora que vende livro de autoajuda.

HATER 1: Cala a boca, seu trouxa, que que você sabe disso?

HATER 2: Cala a boca você, seu animal, volta pra jaula onde sua mãe te guardou.

HATER 1: Da minha mãe eu não sei, mas a sua dormiu aqui em casa essa noite.

HATER 2: Ah, é verdade, esqueci que ela era enfermeira de retardados mentais iguais a você.

A MEDITANTE se torna a GAROTA DO TWITTER.

GAROTA DO TWITTER: Entra ano, sai ano, aeroporto tá cada vez virando mais uma rodoviária de avião, na moral. Postado às 10h23.

HATER 2: É por causa de gente como você que o mundo tá como tá!

HATER 1: Preconceituosa do caralho!

HATER 2: É escória da humanidade.

HATER 1: Tomara que seus olhos caiam e seu fígado seja comido por um rinoceronte.

HATER 2: Tomara que façam um transplante de órgãos dos seus filhos com eles vivos.

A GAROTA DO TWITTER se torna o ARTISTA ATIVISTA.

ARTISTA ATIVISTA: Salve, galera! Passando pra lembrar que hoje é o dia nacional da ararinha selvagem, que tá em extinção. Vamos dar essa moral pra essa associação que cuida tão bem desses bichinhos, como essa fofura da foto. Quem quiser doar, deixei o link na bio. Beijo, galera, flw vlw.

HATER 1: Puta fazedor de média do caralho!

HATER 2: Quem é você pra falar da ararinha selvagem? Que que você sabe da vida delas? Por acaso agora você voa?

HATER 1: Tomara que você sente em uma ararinha selvagem sem perceber.

HATER 2: Ambientalistazinho de merda.

Os HATERS passam a aumentar o tom, gritando violentamente ao redor do ARTISTA ATIVISTA, que age como se não estivesse vendo nenhum dos dois. Subitamente, o ARTISTA

ATIVISTA se torna o OFICIAL DE JUSTIÇA e vira o olhar na direção dos HATERS, que imediatamente ficam vexados e param de gritar, agindo como cães desalojados.

OFICIAL DE JUSTIÇA: Opa, boa tarde!

HATER 1: Bo... boa tarde!

OFICIAL DE JUSTIÇA: Eu vim entregar uma notificação por crime de ódio em espaço virtual.

HATER 2: Eu não sei do que você tá falando.

OFICIAL DE JUSTIÇA: Não é esse seu nome?

HATER 1: É, mas deve ter alguma coisa errada.

OFICIAL DE JUSTIÇA: Por que haveria alguma coisa errada se esse é seu nome?

HATER 2: Não sei, mas eu não tenho nada com isso, não.

OFICIAL DE JUSTIÇA: Bom, eu só vim mesmo pra entregar a intimação. Obrigado, até logo.

HATER 1: Até logo.

HATER 2: Até logo, boa tarde.

O OFICIAL DE JUSTIÇA sai. Os dois HATERS ficam cabisbaixos, envergonhados. Subitamente, um dos HATERS olha para o outro. Eles parecem se reconhecer. Eles se tornam MARCO e NANDA.

10.

NANDA: Marco!

MARCO: Nanda! Querida, quanto tempo!

Abraçam-se.

NANDA: Cala a boca que você tá aqui!

MARCO: Querida, que surpresa boa!

NANDA: Que bom te ver!

MARCO: A gente não se vê há muito tempo!

NANDA: Nossa, muito, desde quando mesmo?

MARCO: Ah, acho que já faz quase um ano, um ano e meio...

NANDA: Que bom te encontrar!

MARCO: Muito bom também. Como é que tão o Aurélio, as crianças?

NANDA: Todo mundo bem. As crianças tão naquela fase, né, eu tô com uma de dez, outra de oito, então elas agora já começam a querer sair, ir em festinha, aquela coisa.

MARCO: Elas devem estar enormes, né?

NANDA: Tão, sim, elas tão lindas.

MARCO: Aurélio também?

NANDA: Também, meio estressado no trabalho, mas vamos tocando, como dizem, né?

MARCO: Pois é, não tá fácil pra ninguém.

NANDA: É verdade. E você?

MARCO: Ah, comigo tudo certo. Mariana trabalhando bastante, os meninos bem também, acabei de deixar eles na natação, não posso reclamar.

NANDA: [*parecendo um pouco comovida*] Que bom, fico muito feliz, de verdade.

MARCO: Ah, brigado. Vamos ver se a gente marca então um dia desses um jantar, nós todos com as crianças, a Mariana vai amar.

NANDA: Com certeza, eu faço questão de que seja lá em casa.

MARCO: Claro, vai ser um prazer. Então a gente vai se falando pra combinar, que tal?

NANDA: Combinado.

MARCO: Muito bom te encontrar.

NANDA: Eu também adorei.

Abraçam-se.

MARCO: Então, bom dia pra você, querida.

NANDA: Pra você também.

Vão saindo. NANDA retoma a conversa.

NANDA: E Marco?

MARCO: Oi.

NANDA: Muito feliz que você tenha se recuperado da perda da sua perna.

MARCO: [*pausa. Ele não está certo de ter compreendido*] Desculpa?

NANDA: Não é fácil aceitar dessa maneira positiva...

MARCO: [*para a juíza*] Começou nesse dia. [*rindo de uma piada*] Ai, Nanda, você é ótima.

NANDA: Levar a coisa nessa leveza.

MARCO: [*para a juíza*] Pausa. Ela pode estar falando sério? [*para* Nanda] Do que você tá falando? Eu não perdi perna nenhuma!

NANDA: Isso que eu acho lindo: você encara a coisa como se nada tivesse acontecido. Vida normal, bola pra frente!

MARCO: [*para a juíza*] Talvez eu pudesse ter simplesmente agradecido e ido embora. [*para Nanda*] Desculpa, mas essa brincadeira já perdeu a graça.

NANDA: Nossa. Que que tá acontecendo, Marco? Até agora você tava tão dócil...

MARCO: Dócil? [*exaltando-se*] Você tá completamente louca?

PASSANTE: [*chegando*] Opa, algum problema aqui?

MARCO: Essa mulher tá completamente louca dizendo que eu perdi a perna.

PASSANTE: [*piedoso*] Quando foi?

MARCO: Quê?

PASSANTE: Quando aconteceu?

MARCO: [*para a juíza*] Tudo aconteceu muito rápido. [*abre os braços para reclamar*] Vocês combinaram essa palhaçada pra estragar meu dia, foi isso?

NANDA e o PASSANTE ficam olhando para os braços abertos de MARCO. Lentamente, a cabeça do PASSANTE vai de encontro à mão de MARCO. Apesar de ser uma batida absolutamente inofensiva, o PASSANTE sai sentindo muita dor.

PASSANTE: [*botando a mão na cabeça*] Uou!

NANDA: Mas o que é isso?

MARCO: Tá maluco, eu não fiz nada!

PASSANTE: Cê acha que sua condição te dá o direito de ser violento?

NANDA: Cê não precisa disso, Marco!

MARCO: Foi ele quem bateu na minha mão.

NANDA: [*se aproximando do Passante*] Você tá machucado?

MARCO: Que machucado o quê, eu nem encostei nele!

MARCO se aproxima de NANDA e do PASSANTE. NANDA vai, com o rosto, de encontro à cabeça de MARCO.

NANDA: [*como se tivesse sido mortalmente ferida*] Meu Deus!

MARCO: O que eu fiz?!!!

PASSANTE: Vai bater em mulher agora, seu covarde? Sai de perto dela!

JUÍZA: [*para Marco*] Mas o segundo episódio relatado parece ainda mais grave.

JAIME, ADVOGADO DE DEFESA: Eu preciso que você me diga tudo, que você não me esconda nada do que aconteceu, mesmo que tenha sido realmente grave.

MARCO: [*para a juíza*] A partir de um certo momento, eu pensei: calma, Marco, é só um sonho, daqui a pouco acaba. [*para Jaime*] Doutor, é exatamente o que eu tô te dizendo: eu não fiz absolutamente nada. Foi só uma sequência bizarra de mal-entendidos e acusações absurdas.

JAIME: Mas você *realmente* não fez nada?

MARCO: Juro por tudo que é mais sagrado.

JAIME: Ótimo. Quem não deve não teme. Eu vou precisar que você me conte tudo em detalhes pra articular sua defesa. [*coloca a mão sobre o braço de Marco*] Fica tranquilo que vai dar tudo certo.

MARCO: Muito obrigado, doutor. [*põe a mão sobre a mão de Jaime*] Obrigado, mesmo.

JAIME começa a fazer uma expressão de dor, como se estivesse sendo apertado por MARCO. Ele consegue se desvencilhar.

JAIME: O que é isso?

JUÍZA: [*para Marco*] A vertiginosa velocidade das transformações.

JAIME: Eu estou aqui pra te ajudar!

JUÍZA: [*para Marco*] Em um único gesto...

JAIME: Acho que você quebrou meu pulso...

JUÍZA: [*para Marco*] ...de advogado de defesa a testemunha de acusação.

JAIME: Seu animal!

MARCO: [*para a juíza*] A partir de certo momento, eu já não sabia mais o que dizer.

DELEGADO: Não saber o que dizer não vai te ajudar em nada aqui.

MARCO: Eu realmente não fiz nada disso de que estão me acusando.

MARIANA, MULHER DE MARCO: Exatamente, senhor delegado. Olha bem para o meu marido e veja se ele tem uma cara perigosa, se ele parece capaz de fazer alguma dessas atrocidades?

DELEGADO: Sinto muito, minha senhora, mas os elementos mais perigosos muitas vezes são aqueles que parecem mais inofensivos. E, além de tudo, não entendo como pode me pedir que olhe para ele sendo que a senhora é cega.

MARIANA: É verdade, havia me esquecido.

MARCO: Cega?

DELEGADO: Aliás, a senhora é cega de nascença?

MARCO: Do que ele tá falando?

MARIANA: Não, foi recente, uma noite nós fomos dormir, eu e Marco, e quando acordei, eu já não enxergava mais.

DELEGADO: Ora, ora, o que estamos descobrindo aqui?

MARCO: Mas você veio pra cá dirigindo!

MARIANA: Eu sei, uma temeridade.

MARCO: [*para a juíza*] Bem, a partir daí...

PORTADOR 1: Um caminhão foi interceptado com duas toneladas de cocaína.

PORTADOR 2: Em cima de cada pacote de droga, as iniciais do nome de Marco Torvel.

PORTADOR 1: Numa busca na casa do réu foi encontrado, dentro de um paletó, um pedaço de tecido que inicialmente parecia um fragmento de um tapete velho.

PORTADOR 2: Análises posteriores demonstraram se tratar, na realidade...

PORTADOR 1: De um pedaço do Santo Sudário.

PORTADOR 1: Hoje pela manhã, crianças de uma pré-escola vomitaram bile negra no chão da sala de aula.

PORTADOR 2: Quando a faxineira chegou para limpar os resíduos, era possível ler com clareza, em letras de bile.

PORTADOR 1: O nome do réu aqui presente.

MARCO: A partir daí, eu realmente sinto que não há mais nada...

JUÍZA: Que não há mais nada?

MARCO: Que não há mais nada que eu possa dizer que vá quebrar esse ciclo de horror. O que eu posso te dizer, meritíssima, Vossa Excelência já sabe: eu não fiz absolutamente nada disso que me acusam, e posso falar com a consciência tranquila e convicção completa. É só isso que eu posso fazer e é isso que eu estou fazendo aqui, sob juramento.

JUÍZA: Muito bem, senhor Marco. [*pausa*] Eu sou juíza há quase quarenta anos e sinto certas vezes que posso me dar o direito de quebrar o protocolo. O edifício da justiça se ergue sobre fatos e não sobre impressões, mas eu olho para o senhor e, devo dizer: acredito sinceramente nas suas palavras, na integridade como expõe sua própria perplexidade frente às acusações que recebeu.

MARCO: [*tomado por uma alegria quase mística*] Meritíssima, Vossa Excelência não sabe a alegria que sinto ao ouvir suas palavras.

JUÍZA: No mais, acho que todos temos o direito de errar e rever nossos próprios erros, portanto me sinto muito inclinada a dar uma segunda chance para que o senhor reconstrua sua vida.

MARCO: Muito obrigado, meritíssima. Muito obrigado.

JUÍZA: Mas antes só preciso que o senhor me confirme uma informação.

MARCO: Sim, meritíssima.

JUÍZA: O senhor já está conformado com a perda de sua perna?

Pausa.

MARCO: Sim.

JUÍZA: Pode repetir a frase completa para que conste em ata?

MARCO: [*pausa. Fala lentamente e humilhado, como Galileu*] Eu estou conformado com a perda de minha perna.

JUÍZA: O réu está absolvido de todas as acusações e declaro o caso encerrado.

MARCO, em silêncio, olha para a própria perna. Um tempo. Ele olha ao redor e começa a andar.

11.

MARCO se transforma em PEDRO. JULIANA aplaude durante a gravação de seu programa de auditório.

PEDRO: Pelo amor de Deus, cês querem me matar do coração.

JULIANA: Nossa, cê tava novinho, né?

PEDRO: Isso faz quase dez anos já!

JULIANA: Qual emoção de se rever nesse papel?

PEDRO: Nossa, muita emoção. Marcou demais, né?

Foi aí que tudo virou na minha carreira. É muito louco porque a gente vai vendo tanta coisa que marcou nossa vida e lembrando de tanta história, de tanta gente, que parece que a gente tá vivendo tudo de novo.

JULIANA: Esse é o Pedro Peres que o país aprendeu a amar. Bom, a gente já sabe que o Pedro era um menino brincalhão, já ouviu a professora dizendo que ele era um aluno muito aplicado, mas vamos ver o que esse cara aqui tem a dizer.

Surge JURA para um depoimento sobre o amigo.

JURA: Ah, o Pedrão é que nem um irmão pra mim, a gente é amigo desde o que...?

Desde que a gente tinha uns seis, sete anos, que meu pai trabalhava com o pai dele lá numa fábrica de travesseiro que tinha lá na nossa cidade e a gente ficou amigo, e aí a gente era inseparável, era pra cima e pra baixo, jogando bola, soltando papagaio, que o pessoal fala empinar pipa, mas lá a gente falava papagaio, e indo nas festinhas, que a gente ia bastante, o Pedro sempre foi um cara bonitão...

Mas a história que eu lembro já foi mais tarde, a gente tinha acabado de entrar na faculdade, devia ter uns dezenove, vinte anos, moleque de tudo, e fomos fazer uma viagem nós dois pra surfar em Rio das Ostras. Um dia, no final da tarde, depois de pegar uma praia, a gente parou num boteco qualquer, um pé-sujo, pediu duas cachacinhas, que ninguém é de ferro, e ficou lá conversando no balcão. Nisso chega um sujeito muito bêbado, falando alto, incomodando todo mundo que tava no bar, xingando, provocando, aquelas coisas. A gente ali quieto na nossa. Daí esse sujeito veio andando pro nosso lado já falando: "E o casalzinho no balcão, tá bem servido?" O Pedrão, sempre um cara muito tranquilo, nunca foi muito de perder a cabeça, virou e perguntou pro sujeito: "O que foi que você falou, seu filho da puta?" Eu só pensando, se o Pedrão pegar a mochila vai ficar engraçado isso aqui. Só sei que o sujeito quebrou uma garrafa em cima da mesa e veio vindo pra cima do Pedro, e aí a situação ficou hilária porque o Pedrão o quê? Pegou a mochila, e o que que tinha na mochila? Um 38 já carregado que o Pedro pegou do pai dele. No que o sujeito viu, vocês não têm ideia da cara que ele fez de "opa, acho que fiz besteira aqui", já foi fazendo ali a Madalena arrependida tentando dar aquela meia-volta básica. Agora, se tem uma coisa que o Pedrão tem de bom, que eu preciso contar pro país inteiro, é pontaria, então ele deu foi um só assim, que pegou bem no meio da testa, daí foi muito engraçado, porque foi uma confusão, era sangue espirrando, gente correndo, gritaria, parecia o *Guernica*, sabe aquele quadro, que o cavalo sai de dentro da mulher que tá vomitando um bebê, de onde sai uma perna que cê não sabe de onde veio? A única pena foi que a gente teve que sair correndo pra dentro do mato e fugir da cidade, mas valeu a pena, porque foi hilário. Então essa é a história do dia que o Pedrão livrou o mundo de mais um pobre-diabo.

Pedrão, tanta história junto, fico muito feliz aí com seu sucesso, tudo de bom aí pra você, um beijo no seu coração e vamos ver se qualquer dia desses a gente volta pra Rio das Ostras.

Voltam JULIANA e PEDRO.

JULIANA: Quer dizer então que além de tudo é bom de pontaria?

PEDRO: Ah, mas tava superperto, também se errasse daquela distância, né? Mas, enfim, Jura é um amigão, um monte de história que a gente viveu junto, mas certamente esse assassinato foi super especial, foi engraçado mesmo. Jura, beijo pra você, meu irmão, saudade!

12.

Juliana se torna a PSIQUIATRA que aplica um teste e Pedro Peres se torna o PRESIDIÁRIO.

JULIANA: Bom, agora a gente já sabe que você é um assassino que mata por motivo torpe. Eu vou começar então o procedimento, é muito simples: eu te mostro uma imagem e você me diz o que está vendo, combinado?

PRESIDIÁRIO: Ok.

PSIQUIATRA: Vamos lá. Primeira imagem, por favor.

ATORES fazem contrarregragem e montam uma imagem no cenário.

PSIQUIATRA: O que você tá vendo?

PRESIDIÁRIO: Um boxer mordendo um urso de pelúcia.

PSIQUIATRA: Ok. Próxima.

A imagem do cenário é trocada.

PRESIDIÁRIO: A partitura da nona sinfonia de Beethoven.

Troca a imagem.

PRESIDIÁRIO: Uma foto da minha família tirada há bastante tempo, olha a tia Mirtes como tava forte, tá o Gerson com a Olívia, bem no cantinho ali com aquela túnica da minha avó, que ela adorava essa túnica.

PSIQUIATRA: Ãrrã.

Troca novamente a imagem.

PRESIDIÁRIO: Uma flecha espetada em um coração e o coração pega fogo e espirra sangue ao mesmo tempo.

PSIQUIATRA: Ótimo. E agora?

Muda novamente a imagem.

PRESIDIÁRIO: Um nuggets de 12.

As imagens passam a mudar sem que a PSIQUIATRA peça.

PRESIDIÁRIO: Ruínas da Mesopotâmia. Meu título de eleitor. Foto de piroca. Um poema do Baudelaire. O silêncio depois do poente.

PSIQUIATRA: Excelente. E essa?

PRESIDIÁRIO: Três portões.

PSIQUIATRA: Certo. E agora?

PRESIDIÁRIO: Agora eu tô vendo um homem. Ele não tá feliz. Ele sente que a vida ficou muito abaixo das expectativas que ele criou pra si mesmo e é tarde pra reinventar tudo, porque ele não é mais tão jovem. Mas ao mesmo tempo ele também sente um impulso de vida e pensa que tem que ir em frente, que se a gente não conseguiu a vida dos sonhos, existe muita beleza em seguir com aquilo que se tem. Eu vejo uma mulher entrando na vida dele. Eu sinto que essa mulher pode apontar uma coisa nova pra ele. Essa mulher também não tá muito feliz com a própria vida, mas ela tá em movimento. Eu vejo essa mulher se aproximando dele. É quase como se desse pra ouvir os dois falando.

13.

Contrarregras da cena anterior se tornam a CORRETORA e o CLIENTE.

CORRETORA: Como você pode ver, é um espaço bem amplo.

CLIENTE: Ārrã.

CORRETORA: Já tem esse conceito de integração dos ambientes que é uma tendência superforte.

CLIENTE: Esse aqui é o quarto?

CORRETORA: Então, este é o grande barato. A questão aqui é que não há essa hierarquia, não tem essa separação clara do que é quarto, cozinha, sala, área de serviço. Os espaços são polivalentes: você é que tem que inventar.

CLIENTE: Certo. Em relação à questão do teto?

CORRETORA: Ah, legal que você falou isso. É o que mais valoriza o imóvel, esse conceito dos cômodos a céu aberto, das estruturas aparentes, que é uma coisa da arquitetura bem contemporânea, mesmo. Agora, nada impede que você faça uma cobertura, por exemplo, se tiver um incômodo com chuva, eventualmente com frio, fumaça, sempre pode fazer essa cobertura, com uma mão de obra bacana pode ficar show.

Pausa.

CORRETORA: É o que eu sempre digo: tem que ficar do seu gosto, porque não adianta morar onde a gente não se identifica. Se fosse eu já vinha de mala e cuia, que pro meu gosto tá pronto pra morar. Mas, enfim, tô falando demais, me fala o que você achou da casa?

CLIENTE: Eu? Ah, achei bacana, assim, arejado...

CORRETORA: ...e bem ensolarada também, e olha que é difícil ser as duas coisas.

CLIENTE: É, ensolarada também. [*pausa*] Mas, não sei, a única coisa que me incomoda é que eu achei um pouco... como é a palavra...?

CORRETORA: Despojada?

CLIENTE: Não é despojada, é mais como...

CORRETORA: Conceitual?

CLIENTE: Demolida.

CORRETORA: Como?

CLIENTE: Demolida: as paredes estão todas arrebentadas, não tem teto em nenhum cômodo, o piso tá desfeito, os azulejos quebrados, não tem encanamento, tudo completamente sujo e empoeirado... tá demolida mesmo.

CORRETORA: Entendo. Bem, aí vai do gosto de cada cliente, tem gente que é mais tradicional mesmo, que gosta das coisas mais certinhas, mais à moda antiga, é o que eu digo, não tem certo ou errado, cada um sabe do que gosta.

CLIENTE: Verdade.

Pausa.

CLIENTE: Mas eu gostei, sim.

CORRETORA: Ah, que bom.

CLIENTE: Como a gente faz, eu faço a proposta e você apresenta para o proprietário?

CORRETORA: Qual proprietário?

CLIENTE: O proprietário do imóvel.

14.

Corretora se torna o MORADOR DO LIXÃO.

MORADOR DO LIXÃO: Não tem proprietário nenhum, amigo. Aqui é todo mundo família. Aqui é todo mundo junto, onde come um comem todos, sempre vai caber mais um. Se tiver um grão de feijão, é um grão dividido por todo mundo. Se for um banquete, também. Ninguém aqui tem vergonha de viver no lixão. A gente gosta de viver aqui porque viver no meio de tudo que ninguém mais quer dá um conforto esquisito. Dá uma força muito estranha e muito violenta. Você fica ali no meio das sobras, e vai virando sobra, e vai gostando de ser isso, porque não quer ser outra coisa. Essa é a verdadeira alegria. Eles ensinam que é outra coisa, mas não é. A verdadeira alegria é viver do que ninguém mais quer. É ser o que ninguém mais quer. E, ao mesmo tempo, ninguém aqui precisa querer mais. Todo mundo aqui sabe o que é, não fica querendo melhorar, alimentando essa ilusão de que a gente pode se afastar do eixo da própria miséria, pedindo aumento, fazendo pós-graduação, ficando rico, procurando objeto pra preencher o vazio, pra daqui a pouco cansar e jogar as coisas fora. Pois bem: aqui é o destino final das coisas que todo mundo joga fora, você consegue sentir a força disso? Nada mais sai daqui. Aqui é onde as coisas finalmente descansam. Uma estante jogada fora tá em paz: ela fica aqui, se decompondo, deixando as fissuras aparecerem no tempo que elas já iam aparecer, porque os materiais perecem. Você vai ser feliz aqui. Não tem nenhum lugar melhor pra se viver do que no meio do lixo.

CLIENTE se torna o FILANTROPO.

FILANTROPO: Que palavras fortes! Gente, olha esse rosto, olha a verdade que cabe aqui dentro. Olha esses olhos, a vida que tem nesse olhar. Como é seu nome?

MORADOR DO LIXÃO: [*que perdeu totalmente a altivez do discurso anterior e está frágil, desconfortável, evasivo*] É Isaías.

FILANTROPO: O Isaías mora aqui no aterro há quanto tempo?

MORADOR DO LIXÃO: Tá pra 16 anos já.

FILANTROPO: Dezesseis anos, olha só! É uma lição de vida: tanta gente cercada de conforto que não tem essa chama interior, essa fibra. É pela existência de gente como o Isaías que a gente entendeu que nossa missão passava por aqui. Olhar pra esse lugar, trazer isso para o debate mesmo, deslocar o eixo viciado do olhar. Por isso fundamos aqui uma galeria a céu aberto e todo o dinheiro arrecadado na venda das obras vai ser revertido para a melhoria da qualidade de vida da comunidade que tá estabelecida aqui no Aterro de Paranaguá. É muito gratificante essa troca, a gente vê a alegria na cara deles. [*Morador do Lixão com uma expressão de desconforto permanente*] Agora eu quero convidar você pra conhecer um pouco mais das intervenções com a gente, vamos lá?

Um exército de MANEQUINS se forma.

FILANTROPO: Aqui temos essa obra de grande impacto e força simbólica que é o exército dos manequins refugiados. Todos esses manequins que vocês tão vendo são exilados políticos, tão vindo de lugares onde realmente houve algum tipo de guerra civil ou coisa do tipo. É muito forte a escolha do manequim como arquétipo, que fala justamente da paralisia, do sintético, desse estupor, que é o estupor do contemporâneo. O que impressiona daqui de perto é a qualidade dos detalhes, a riqueza do acabamento... [*começa a passar a mão sobre um dos manequins, que passa a se mover*] Opa!

TECO DANTAS, MARCENEIRO HIPSTER: Salve.

FILANTROPO: Teco!

TECO: Bacana?

FILANTROPO: Este é o Teco Dantas, ele vai falar um pouco mais do trabalho dele pra gente.

TECO: Pô, é um prazer. Vai fazer dois anos agora em outubro que a gente tá desenvolvendo um trabalho superpioneiro de marcenaria só com supostas carcaças, só com madeira em bom estado que foi considerada sucata. E o que é muito forte nisso é sentir quanta coisa boa tem aqui. Imbuia, jacarandá, mogno maciço. Pra gente é supergratificante, porque fala um pouco do ciclo das coisas, o novo vindo do velho, o que ninguém mais quer voltando a ser objeto de desejo.

FILANTROPO: E como é que está sendo a aceitação desse trabalho?

TECO: Tem sido ótima. A gente tem recebido um superapoio, várias mensagens de incentivo, várias encomendas. Uma recepção tão boa que acabei de perceber que pra mim deu, não é nada disso. Tô me sentindo sem motivação, era legal quando era mais espontâneo, mais artesanal, acabei de abrir um apiário pra reequilibrar o ecossistema abelhas. Adeus.

FILANTROPO: Muito bacana. Nós agora vamos dar uma olhada numa artista visual que tem um trabalho muito interessante de retratos de beagles feitos com rolha de cortiça. Antes disso, vamos passar aqui pelo Coletivo Vazio, que está realizando sua performance interessantíssima intitulada *Uma representação eletrizante do tédio*. Eles já começaram.

Pausa.

– Enquanto "Uma representação eletrizante do tédio" acontece, em outro ponto da cidade, o coletivo Desvio Neutro abre todas as jaulas do zoológico numa intervenção intitulada *Observe como correm*, deixando no ar se quem corre são os animais, os transeuntes ou os dois.

– A intenção dessa performance é restaurar as condições encontradas na natureza, onde cada animal deve lidar com seus recursos pela própria sobrevivência.

– Inclusive o homem.

– Eis o manifesto dos líderes do coletivo, compartilhado milhares de vezes nas redes sociais e gerador de um grande debate que durou exatamente seis minutos.

– Pouco depois, contudo, o líder do coletivo Transgressivação divulgou um memorando reivindicando a autoria da performance.

– A discordância sobre a autoria da performance gerou um confronto físico entre os dois coletivos que só pôde ser interrompido por uma intervenção de outro coletivo chamado Estado Policialesco, numa performance também intitulada *Observe como correm*.

– Nessa contundente performance, a fumaça de gases tóxicos das bombas de gás lacrimogênio emoldurava movimentos coreografados de cassetetes em direção a músculos e ossos, numa coreografia de grande plasticidade e altíssima adesão popular.

– "Acreditamos que apenas a disseminação da barbárie pode conter a disseminação da barbárie." Eis as palavras do líder desse coletivo.

– Curiosamente, em outra grande cidade, de outro continente, o grupo terrorista Fim dos Tempos realizou, dentro de uma estação de metrô, um atentado também intitulado *Observe como correm*.

– Apesar da estranha coincidência de tantos eventos com o mesmo título, a natureza de cada atividade revelou-se completamente distinta.

– Neste último, por exemplo, três *performers* munidos de metralhadoras de grande alcance abriram fogo dentro de uma estação de metrô, criando uma coreografia coletiva frenética em tempo real.

– Acreditamos que o fim está próximo: nossa missão é fazer com que ele chegue depressa.

– Logo após o breve manifesto do líder do grupo Fim dos Tempos, o coletivo performático Começar de Novo, especialista em *flash mobs* fofos, divulgou um comunicado reivindicando a autoria do atentado, dizendo se tratar, na realidade, de uma performance.

– Abre aspas: trata-se de nosso trabalho mais radical, fecha aspas.

– Ao mesmo tempo e na mesma avenida ocorre uma performance intitulada...

– *Observe como correm*?

– Não. *Tudo que eles precisam é de amor*, onde os *performers* distribuem abraços grátis e fazem chás para transeuntes na calçada de uma avenida.

– Mas chá de infusão, não aquele de saquinho.

– O que ninguém podia esperar é que o grupo terrorista Transformação pelo Horror assumiria a autoria da performance, sinalizando uma guinada em seus métodos usuais.

– Resumindo: grupos performáticos assumem a autoria de atentados.

– E grupos terroristas assumem a autoria de performances.

– Caetano Veloso faz uma canção sobre o assunto.

– Hackers vazam a canção que ainda está sendo composta.

– E a pergunta que resta é...

MOVIMENTO 4:
Desteatro

15.

Duas mulheres, namoradas, numa praia do Caribe:

PAULA:	Você me ama?
EMÍLIA:	Como assim, essa pergunta? Óbvio que sim!
PAULA:	Cê nunca fala...
EMÍLIA:	Cê sabe que a gente tem um temperamento diferente...

PAULA: Mas bem que cê podia falar uma vez ou outra... Eu ia gostar de ouvir, sabe?

EMÍLIA: Para de ser boba, olha esse lugar que a gente tá, cê acha que eu ia querer estar aqui com alguém que eu não amasse muito?

Paula beija Emília.

PAULA: Gente, que paraíso isto aqui.

EMÍLIA: Olha a cor dessa água.

PAULA: Nossa, é transparente.

EMÍLIA: Olha ali, dá pra ver um cardume.

PAULA: Ai, que lindo. Upa, pulou!

EMÍLIA: Gente!

Contemplam o mar.

EMÍLIA: E essa onda, que enorme?!

PAULA: Muito, né?

EMÍLIA: Precisa ter coragem pra surfar um negócio desses, benza Deus.

PAULA: Nossa, mas é alta mesmo!

Um HOMEM vem se aproximando olhando para a extensão da onda que não para de aumentar.

EMÍLIA: [*começando a ter medo*] Será que é normal esse tamanho?

PAULA: [*fingindo segurança*] É normal, lógico, isso é por causa do ciclo lunar.

EMÍLIA: [*sentindo mais medo*] É, mas essa tá quase do tamanho de um prédio.

O HOMEM que estava se aproximando chega ao lado de Paula e Emília. O HOMEM grita.

HOMEM: [*grito desesperado de pânico*] CORRAM PARA AS MONTANHAS!!

■

— Mas era uma piada mesmo, daí o motorista sírio encosta o carro e pega uma marmita. O papagaio pousa em cima do ombro do motorista para ver se descola um pedaço. No que o motorista abre a marmita, o papagaio grita: "Bife de vazio!"

■

REPÓRTER: A situação é de calamidade. O boletim mais recente fala em 1.500 desaparecidos e cerca de 15 mil desabrigados. A gente consegue ver que o nível da água está muito alto e a correnteza é muito forte, portanto, sob nenhuma hipótese saiam de suas casas!

■

TALITA faz um tutorial.

TALITA: Oi, meu nome é Talita, e esse tutorial é pra ensinar você a fazer o seu próprio *bunker*. Se curtir, dá like no vídeo. Bem, eu não vou mentir, é um pouco trabalhoso, mas o princípio é simples. Primeiro passo: estoque mantimentos durante um ano!

■

FILHO: Paiê, tem um cara na porta dizendo que veio demolir a casa.

PAI: Fala pra ele que agora não e pega uma cerveja pra mim.

FILHO: Não dá mais, eles derrubaram a cozinha.

PAI: Ah, Giancarlo, francamente, para de ser preguiçoso e vai encontrar esse freezer no meio dos escombros.

MÃE: Gente, tô passada! Que selvageria é essa? Precisava demolir o banheiro antes de eu enxaguar meu cabelo?

FILHO: Pai, ele tá falando que é pra gente sair que ele vai derrubar a sala!

PAI: Ai, meu saco! [*grita na direção da plateia como se falasse com a equipe de demolição*] Oi, boa tarde. Será que você podia demolir só até aqui? Senão vai derrubar o ponto da net e eu acabei de colocar fibra óptica.

■

GUIA TURÍSTICA: Bem aqui à frente, nós podemos ver o busto da imperatriz. É uma estátua inteiramente talhada em bronze... que acaba de ser desfigurada por uma retroescavadeira. Ali ao lado, vocês já podem ver o magnífico Castelo de Zanabel... as ruínas do Castelo de Zanabel, e vocês reparem na elegância com que desmoronam as maravilhosas colunas erguidas na Idade Média. Mas o melhor ficou para o final: essa gigantesca onda devastando tudo por onde passa. Não é linda?

■

– Então o piano de cauda resolve dançar uma valsa com a transexual, mas o carro dá uma brecada brusca e arremessa cada um para um lado. Nisso, o papagaio grita: "É um terremoto!"

■

ESPECIALISTA: Não apenas um, mas vários terremotos, de cerca de oito pontos na escala Richter, e estão previstos novos choques de placas tectônicas para as próximas horas. As autoridades estão em dúvida se pedem que as pessoas fiquem ou saiam de suas casas, então a recomendação mais recente é a de que cada um use sua própria intuição.

■

Uma MULHER e um HOMEM correndo.

HOMEM: Oi.

MULHER:	Opa.
HOMEM:	Do que você tá correndo?
MULHER:	Eu não sei, e você?
HOMEM:	Eu tô com medo.
MULHER:	Ah, entendi. Puxa, mas achei muito inspirador você correndo assim apesar de não ter uma perna.
HOMEM:	Ah, imagina. Isso não é nada de mais. Admirável mesmo é aquela mulher sem cabeça usando chapéu.

■

ÁTILA BULHÕES: Oi, eu sou Átila Bulhões e nós estamos começando mais um *Observe como correm*, o programa de quem ama correr, que é um ótimo jeito de cuidar da saúde e de lutar pela própria sobrevivência num mundo que desmorona. Hoje: dicas de como atravessar correndo um deserto de areia movediça. Encontre um calçado bem confortável...

■

Uma MULHER e um HOMEM correndo. A MULHER alcança o HOMEM e eles param.

GILDA:	Puxa, Marcondes, tô tentando te alcançar faz horas.
MARCONDES:	Pois é, chefe, tá uma correria danada.

GILDA:	Você está demitido!
MARCONDES:	[*olhando pra frente, hipnotizado*] Olha a onda!
GILDA:	Exatamente, uma onda de recessão que chegou com força...
MARCONDES:	[*olhando para a onda*] Vai destruir tudo.
GILDA:	Por isso que a gente precisa surfar, entende?
MARCONDES:	[*ainda com os olhos fixos, hipnotizado*] Não vai sobrar mais nada.
GILDA:	Como você é pessimista, Marcondes... [*finalmente olha na direção da onda*] Meu Deus!

∎

– Daí o presidente e o papagaio resolvem jogar uma partida de buraco e o presidente fala: "Bati!" Mas quando ele mostra as cartas dá pra ver que ele está usando o sapo como curinga e o motorista sírio como valete. Então o papagaio protesta!

∎

REPÓRTER: ...mais de cinco mil desaparecidos e cento e vinte mil desabrigados segundo o boletim mais recente, como vocês podem ver a água já está no meu pescoço, no que já pode ser considerada uma grande catarse, digo, catástrofe...

∎

Um HOMEM e uma MULHER se encontram e começam a conversar. Aos poucos, os outros atores vão se transformando em bichos e mordendo partes do corpo do casal, sem que eles interrompam a conversa.

- Cala a boca que você tá aqui!
- Querida, que surpresa boa!
- A gente não se vê há milênios!
- Nossa, muito. Desde quando mesmo?
- Ah, acho que já faz um ano, um ano e meio.
- Que bom te encontrar!
- Mas você tá ótima! (etc.)

■

Uma MULHER e um CÃO, cada um mordendo um dos DOIS AMIGOS que conversavam na cena anterior.

BARNEY, O CÃO: Oi, boa tarde. Como é seu nome?

CLARICE: Clarice. E o seu, belezinha?

BARNEY: É Barney!

CLARICE: Você é muito fofo!

BARNEY: Ah, brigado! É, sem querer ser deselegante, mas assim… eu sou um cachorro e você é uma pessoa. Morder pessoas na rua seria tecnicamente uma função mais minha do que sua, entende?

CLARICE: Querido, eu entendo seu ponto, mas a gente está num momento de ressignificação das convenções. Olha bem: eu também tenho dentes caninos, percebe?

■

MESTRE DE CERIMÔNIAS: Mas vem pra cá, porque a gente não pode mais esperar. Tá preparada?

CLARICE: Tô!

Os OUTROS ATORES começam a morder CLARICE e o MESTRE DE CERIMÔNIAS.

MESTRE DE CERIMÔNIAS: Então, por favor, tirem o véu de cima de TODO O LIXO QUE ESSA MULHER JÁ PRODUZIU EM SUA VIDA!

O MESTRE DE CERIMÔNIAS e CLARICE olham para cima, siderados, como se vissem uma montanha inominável. Os OUTROS ATORES que mordem CLARICE e o MESTRE DE CERIMÔNIAS também interrompem sua ação para contemplar a imensa montanha, siderados.

MESTRE DE CERIMÔNIAS: Tá reconhecendo alguma coisa?

CLARICE: Nossa, um monte de coisa. Olha ali, minha primeira fralda descartável suja. Uma foto minha com o César, meu ex-namorado, rasgada no meio. A placenta em que eu vim envolvida dentro da minha mãe. O resto de uma melodia velha que eu tinha esquecido.

– A sobra feliz dos destroços.

– A rima remota.

– A água do aterro.

– A sombra da caçamba em chamas.

– O amor intransigente por migalhas.

– O aroma do ato falho.

– O exílio inevitável de Medeia.

– Um táxi que transporta o amor da minha vida.

– O deslize sem apelo.

– Uma janela aberta!

– Mistérios movediços de um perfume.

– O restante.

– Então você se dá conta de que pelo lixo que produziu pode reconstituir sua própria história.

– Tudo que foi descartado de algum modo explicando tudo aquilo que continua.

– Então você olha olhos nos olhos do lixo com a vista embaçada pelas lágrimas.

– Então, o lixo se comove, e resolve tomar uma forma humana e caminhar na sua direçããããããããããããão...

■

– O português acaba caindo dentro do piano e o tampo fecha com ele lá dentro. O português risca um fósforo no interior do piano. De repente, todo mundo só escuta um grito: "Encontrei dom Sebastião!"

REPÓRTER: Dois milhões de desabrigados e os números não param de crescer. Eu ouvi dois e duzentos? Dois milhões e duzentos para o cavalheiro ali agarrado no galho, ah, mas a correnteza levou, uma pena... Dois e trezentos para a madame ilhada em cima do telhado daquela casa. Eu ouvi dois e quinhentos?

■

Pessoas comemorando, num clima de festa de réveillon, a chegada da onda.

– Gente, junta que já tá chegando!

– Ai, gente, tão feliz de estar dividindo esse momento com vocês.

– Ai, eu também!

– Olha lá, lá vem a onda!

– Vai!

– Dez, nove, oito, sete, seis, cinco, quatro, três, dois, um.

EXPLOSÃO BRANCA.

Lentamente, as silhuetas dos atores caminham até o proscênio. Agrupam-se em linha num pequeno cardume. Num dado momento, uma das atrizes consegue vencer o silêncio:

– Mas no fim era uma piada mesmo e o sapo pergunta ao papagaio: "Mas então por que é que todas as coisas existem?" E o papagaio responde:

© Editora de Livros Cobogó, 2017
© Vinicius Calderoni

Editora-chefe
Isabel Diegues

Assistente editorial
Mariah Schwartz

Gerente de produção
Melina Bial

Revisão final
Eduardo Carneiro

Projeto gráfico e diagramação
Mari Taboada

Capa
Laura Del Rey

CIP-BRASIL. CATALOGAÇÃO-NA-FONTE
SINDICATO NACIONAL DOS EDITORES DE LIVROS, RJ

Calderoni, Vinicius
C152c   Chorume / Vinicius Calderoni.- 1. ed.- Rio de Janeiro: Cobogó, 2017.

104 p.; 19 cm. (Dramaturgia)

ISBN 978-85-5591-035-7
1. Teatro brasileiro (Literatura). I. Título. II. Série.

17-43751   CDD: 869.92
                                                                              CDU: 821.134.3(81)-2

Nesta edição, foi respeitado o Acordo Ortográfico da Língua Portuguesa de 1990, que entrou em vigor no Brasil em 2009.

Todos os direitos em língua portuguesa reservados à
Editora de Livros Cobogó Ltda.
Rua Jardim Botânico, 635/406
Rio de Janeiro – RJ – 22470-050
www.cobogo.com.br

Outros títulos desta coleção:

Coleção Dramaturgia

ALGUÉM ACABA DE MORRER LÁ FORA, de Jô Bilac

NINGUÉM FALOU QUE SERIA FÁCIL, de Felipe Rocha

TRABALHOS DE AMORES QUASE PERDIDOS, de Pedro Brício

NEM UM DIA SE PASSA SEM NOTÍCIAS SUAS, de Daniela Pereira de Carvalho

OS ESTONIANOS, de Julia Spadaccini

PONTO DE FUGA, de Rodrigo Nogueira

POR ELISE, de Grace Passô

MARCHA PARA ZENTURO, de Grace Passô

AMORES SURDOS, de Grace Passô

CONGRESSO INTERNACIONAL DO MEDO, de Grace Passô

IN ON IT | A PRIMEIRA VISTA, de Daniel MacIvor

INCÊNDIOS, de Wajdi Mouawad

CINE MONSTRO, de Daniel MacIvor

CONSELHO DE CLASSE, de Jô Bilac

CARA DE CAVALO, de Pedro Kosovski

GARRAS CURVAS E UM CANTO SEDUTOR, de Daniele Avila Small

OS MAMUTES, de Jô Bilac

INFÂNCIA, TIROS E PLUMAS, de Jô Bilac

NEM MESMO TODO O OCEANO, adaptação de Inez Viana do romance de Alcione Araújo

NÔMADES, de Marcio Abreu e Patrick Pessoa

CARANGUEJO OVERDRIVE, de Pedro Kosovski

BR-TRANS, de Silvero Pereira

KRUM, de Hanoch Levin

MARÉ/PROJETO bRASIL, de Marcio Abreu

AS PALAVRAS E AS COISAS, de Pedro Brício

MATA TEU PAI, de Grace Passô

ÃRRÃ, de Vinicius Calderoni

JANIS, de Diogo Liberano

NÃO NEM NADA, de Vinicius Calderoni

A PAZ PERPÉTUA, de Juan Mayorga
Tradução Aderbal Freire-Filho

APRÈS MOI, LE DÉLUGE (DEPOIS DE MIM, O DILÚVIO),
de Lluïsa Cunillé
Tradução Marcio Meirelles

ATRA BÍLIS, de Laila Ripoll
Tradução Hugo Rodas

CACHORRO MORTO NA LAVANDERIA: OS FORTES, de Angélica Liddell
Tradução Beatriz Sayad

DENTRO DA TERRA, de José Manuel Mora
Tradução Roberto Alvim

MÜNCHAUSEN, de Lucía Vilanova
Tradução Pedro Brício

NN12, de Gracia Morales
Tradução Gilberto Gawronski

O PRINCÍPIO DE ARQUIMEDES, de Josep Maria Miró i Coromina
Tradução Luís Artur Nunes

OS CORPOS PERDIDOS, de José Manuel Mora
Tradução Cibele Forjaz

CLIFF (PRECIPÍCIO), de Alberto Conejero López
Tradução Fernando Yamamoto

COLEÇÃO DRAMATURGIA ESPANHOLA

2017

1ª edição

Este livro foi composto em Univers.
Impresso pelo Grupo SmartPrinter
sobre papel Polen Bold LD 70g/m².